Impressum
Verlag: BABADADA GmbH, Nedderfeld 112 , 22529 Hamburg
Geschäftsführer / Verlagsleitung: Harald Hof
Druck: Books on Demand GmbH, In de Tarpen 42, 22848 Norderstedt

Imprint
Publisher: BABADADA GmbH, Nedderfeld 112 , 22529 Hamburg, Germany
Managing Director / Publishing direction: Harald Hof
Print: Books on Demand GmbH, In de Tarpen 42, 22848 Norderstedt, Germany

la escuela
School

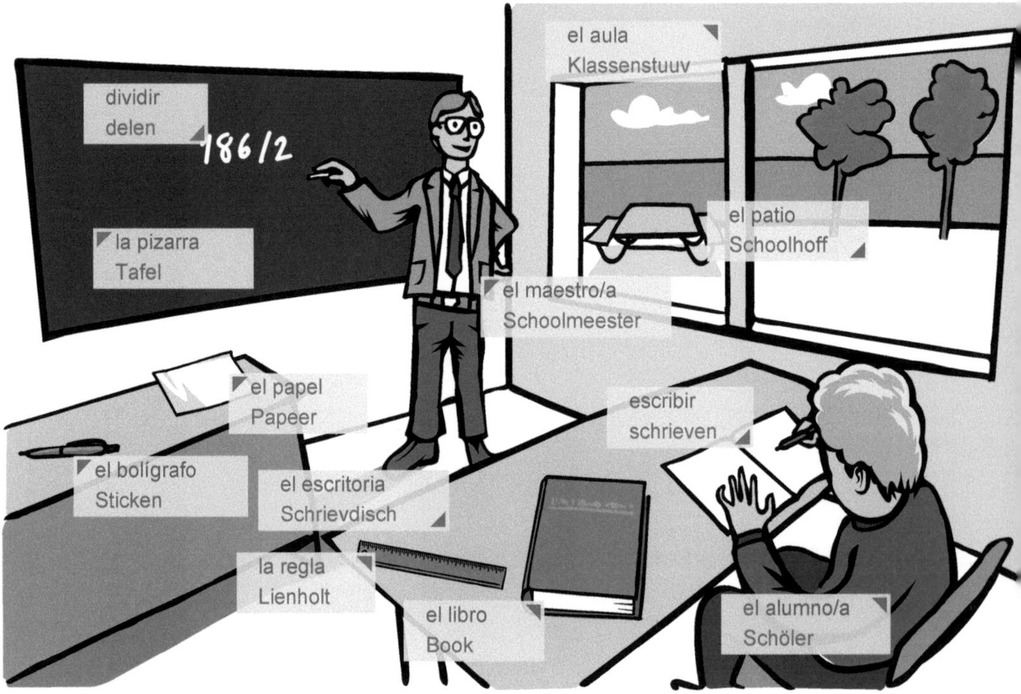
el aula
Klassenstuuv
dividir
delen
186/2
la pizarra
Tafel
el patio
Schoolhoff
el maestro/a
Schoolmeester
el papel
Papeer
escribir
schrieven
el bolígrafo
Sticken
el escritoria
Schrievdisch
la regla
Lienholt
el libro
Book
el alumno/a
Schöler

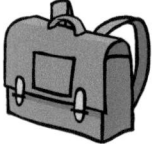

la cartera

Ranzel

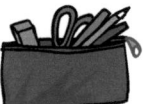

la caja de lápices

Feddermapp

el lápiz

Bleesticken

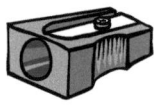

el sacapuntas

Scharpmaker

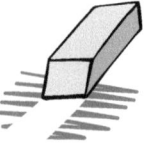

la goma de borrar

Radeergummi

el cuaderno de dibujo

Tekenblock

el dibujo
Teken

el pincel
Pinsel

la caja de pinturas
Malkassen

las tijeras
Scheer

el pegamento
Klever

el cuaderno de ejercicios
Heft to'n Öven

los deberes
Huusopgaav

el número
Tall

sumar
tohooptellen

restar
aftrecken

multiplicar
malnehmen

calcular
reken

la letra
Bookstaav

el alfabeto
ABC

la palabra
Woort

el texto

Text

leer

lesen

la tiza

Kried

la lección

Stunn

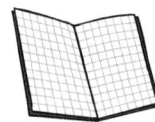

el cuaderno de notas

Klassenbook

el examen

Pröven

el certificado

Tüügnis

el uniforme

Schooluniform

la educación

Utbillen

la enciclopedia

Nakieksel

la universidad

Universität

el microscopio

Mikroskop

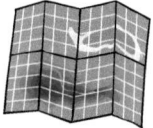

el mapa

Koort

la papelera

Papeerkorf

el viaje
Törn

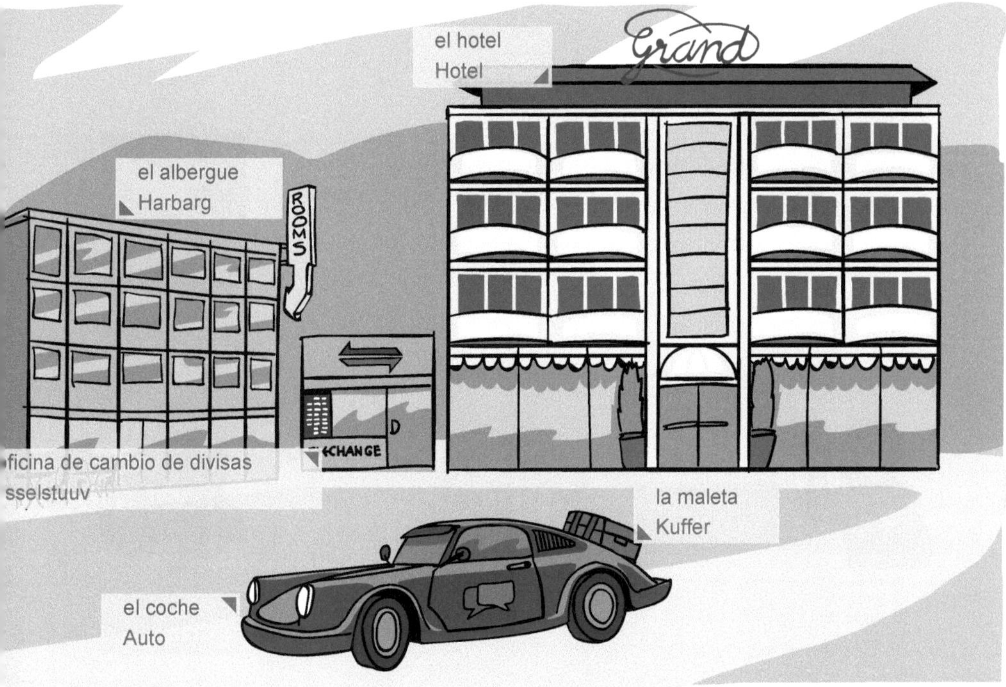
el hotel
Hotel
Grand
el albergue
Harbarg
ROOMS
ficina de cambio de divisas
sselstuuv
la maleta
Kuffer
el coche
Auto

el idioma

Spraak

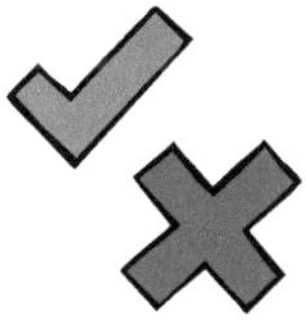

sí / no

jo / ne

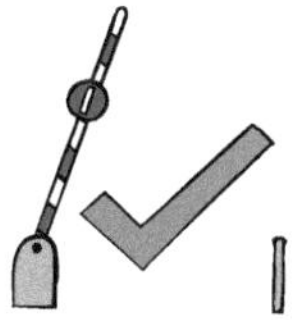

Vale

Jo

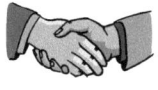

hola

Moin

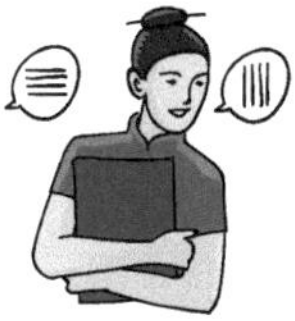

el traductor

Översetter

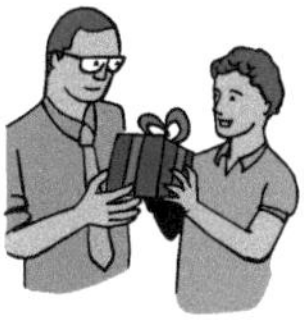

Gracias

Dank ok

¿cuánto es...?

Wat kost...?

No entiendo

Ik verstah nich

el problema

Problem

¡Buenas tardes!

Goden Avend

¡Buenos días!

Moin!

¡Buenas noches!

Gode Nacht!

adiós

Tschüüs

la dirección

Richt

el equipaje

Bagaasch

la bolsa

Tasch

la mochila

Rüchsack

el invitado

Gast

la habitación

Stuuv

el saco de dormir

Slaapsack

la tienda de campaña

Telt

la información turística

Touristeninformatschoon

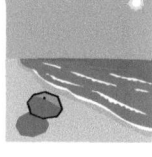

la playa

Strand

la tarjeta de crédito

Kreditkoort

el desayuno

Fröhstück

el almuerzo

Meddageten

la cena

Avendeten

el billete

Fohrkort

el ascensor

Fohrstohl

el sello

Breefmark

la frontera

Grenz

la aduana

Toll

la embajada

Bottschop

la visa

Visum

el pasaporte

Pass

el transporte

Transport

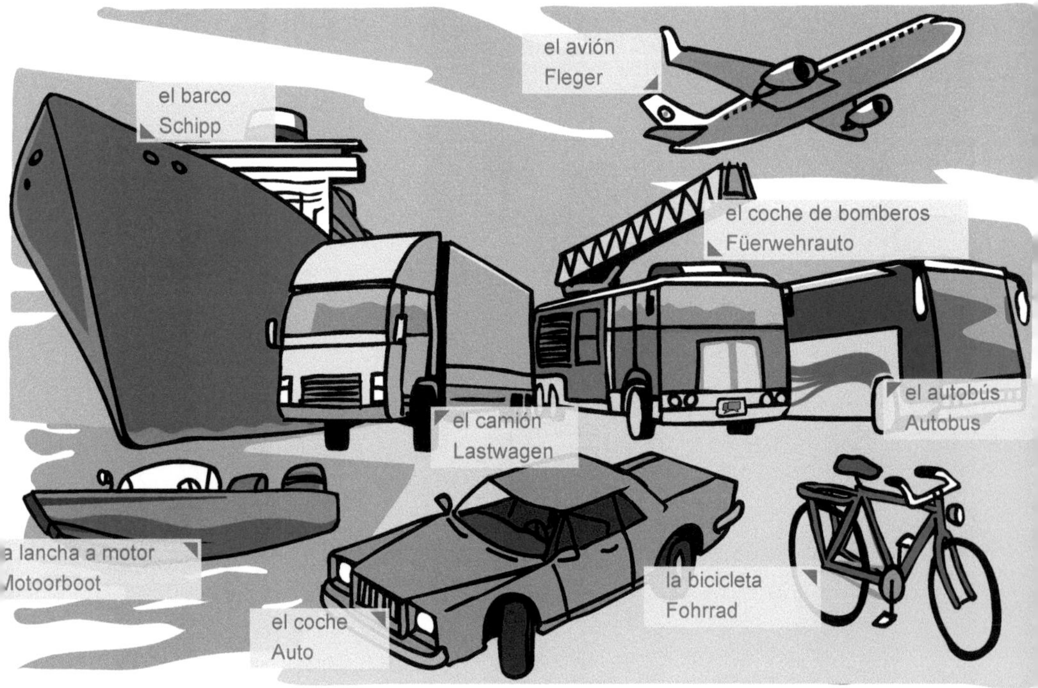
el avión
Fleger
el barco
Schipp
el coche de bomberos
Füerwehrauto
el autobús
Autobus
el camión
Lastwagen
a lancha a motor
lotoorboot
la bicicleta
Fohrrad
el coche
Auto

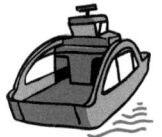

el transbordador

Fähr

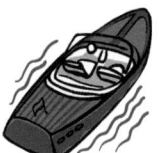

la barca

Boot

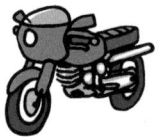

la moto

Motoorrad

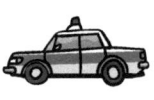

el coche de policía

Polizeiauto

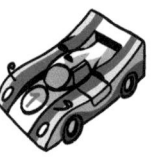

el coche de carreras

Rönnauto

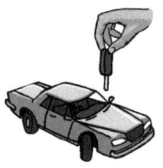

el coche de alquiler

Lehnwagen

el préstamo de vehículos

Carsharing

la grúa

Afsleepwagen

el camión de la basura

Müllauto

el motor

Motoor

la gasolina

Kraftstoff

la gasolinera

Tanksteed

la señal de tráfico

Verkehrsschild

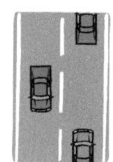

el tráfico

Verkehr

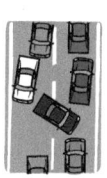

el atasco

Stau

el aparcamiento

Afstellplatz

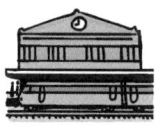

la estación de tren

Bahnhoff

las vías

Sporen

el tren

Tog

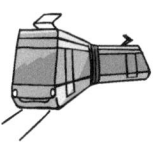

el tranvía

Stratenbahn

el vagón

Wagon

el helicóptero

Dwarsmöhl

el aeropuerto

Flooghaven

la torre

Tower

el pasajero

Fohrgast

el contenedor

Grootkist

la caja de cartón

Karton

la carretilla

Koor

la cesta

Korf

despegar / aterrizar

starten / lannen

la ciudad

Stadt

el pueblo

Dörp

el centro de la ciudad

Binnenstadt

la casa

Huus

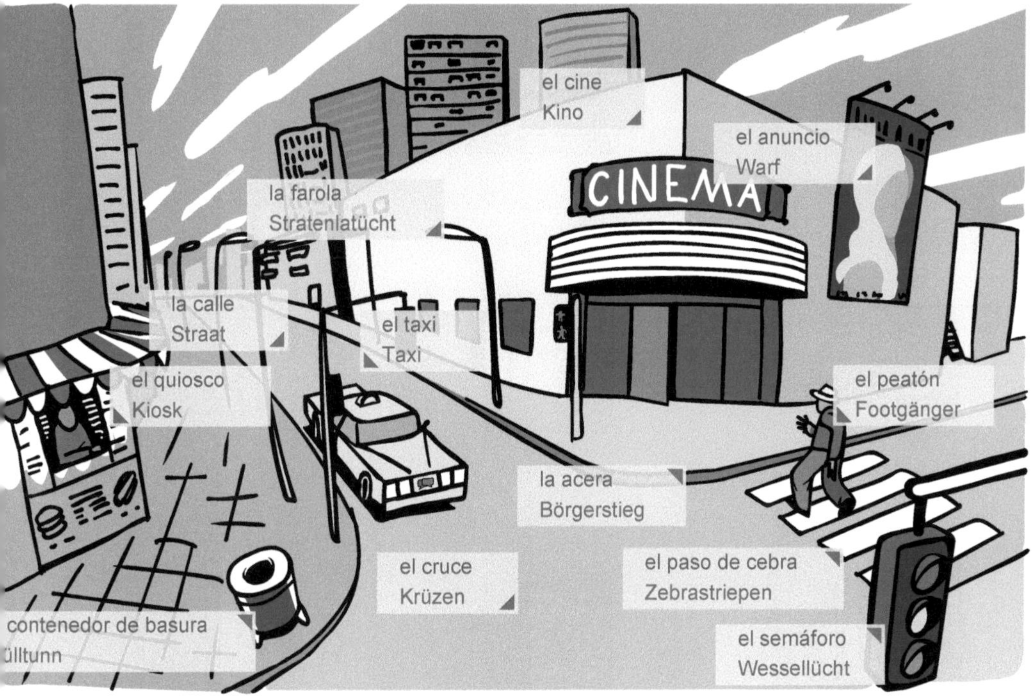

el cine
Kino

el anuncio
Warf

la farola
Stratenlatücht

CINEMA

la calle
Straat

el taxi
Taxi

el quiosco
Kiosk

el peatón
Footgänger

la acera
Börgerstieg

el cruce
Krüzen

el paso de cebra
Zebrastriepen

contenedor de basura
ülltunn

el semáforo
Wessellücht

la cabaña
....
Hütt

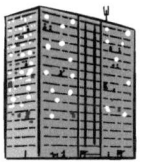

el apartamento
....
Wahnung

la estación de tren
....
Bahnhoff

el ayuntamiento
....
Raathuus

el museo
....
Museum

la escuela
....
School

la ciudad - Stadt

11

la universidad

Universität

el banco

Bank

el hospital

Krankenhuus

el hotel

Hotel

la farmacia

Afteek

la oficina

Büro

la librería

Bookhökerie

la tienda de campaña

Hökerie

la floristería

Blomenhökerie

el supermercado

Supermarkt

el mercado

Markt

los grandes almacenes

Koophuus

la pescadería

Fischhökerie

el centro comercial

Inkoopszentrum

el puerto

Haven

el parque

Parkanlaag

el banco

Bank

el puente

Brüch

las escaleras

Trepp

el metro

Ünnergrundbahn

el túnel

Tunnel

la parada de autobús

Busstoppsteed

el bar

Bar

el restaurante

Spieslokal

el buzón

Breefkassen

el poste indicador

Stratenschild

el parquímetro

Parkklock

el zoo

Deertenpark

la piscina

Baadanstalt

la mezquita

Moschee

la granja

Buernhoff

la contaminación

Ümweltversmudden

el cementerio

Karkhoff

la iglesia

Kark

el patio de juego

Speelplatz

el templo

Tempel

el paisaje
Landschop

la hoja
Blatt

la señal
Wiespahl

el camino
Weg

el prado
Wisch

la piedra
Steen

el excursionista
Wannerer

el árbol
Boom

el río
Fluss

la hierba
Gras

la flor
Bloom

el valle

Daal

la colina

Barg

el lago

See

el bosque

Holt

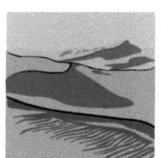

el desierto

Wööst

el volcán

Füerspien Barg

el castillo

Slott

el arcoíris

Regenbagen

el champiñón

Poggenstohl

la palmera

Palm

el mosquito

Steekmück

la mosca

Fleeg

la hormiga

Miegeemk

la abeja

Imm

la araña

Spinn

el escarabajo

Sebber

la rana

Pogg

la ardilla

Katteker

el erizo

Swienegel

la liebre

Haas

la lechuza

Uul

el pájaro

Vagel

el cisne

Swaan

el jabalí

Wildswien

el ciervo

Hirsch

el alce

Elk

la presa

Staudamm

la turbina eólica

Windrad

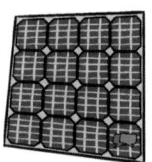

el panel solar

Solarmodul

el clima

Klima

el restaurante
Spieslokal

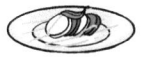

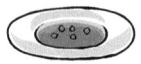

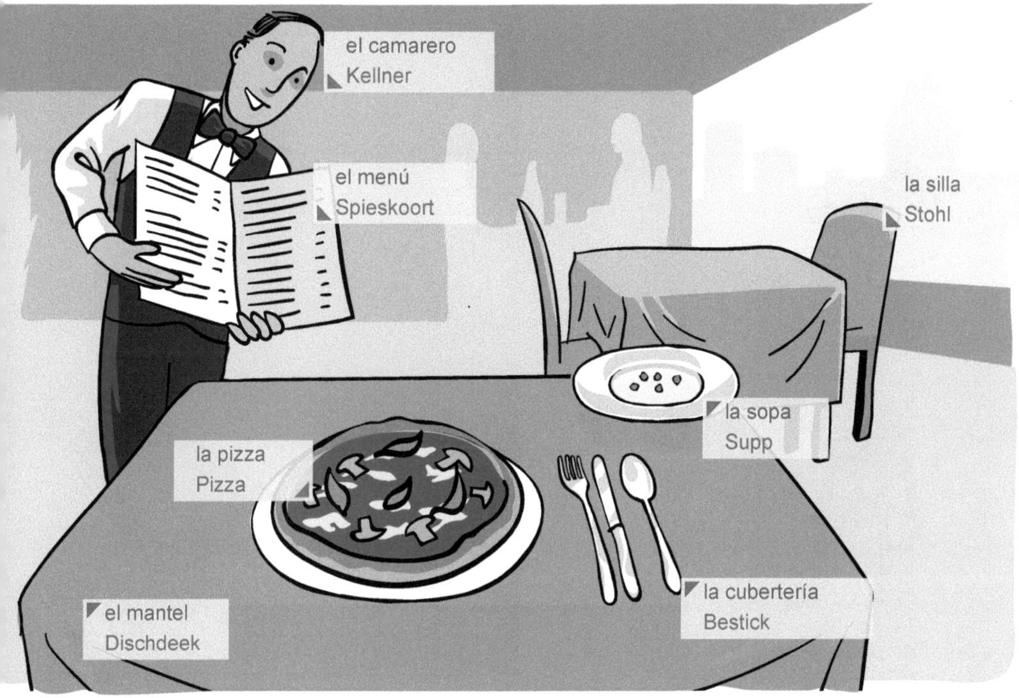
el camarero
Kellner
el menú
Spieskoort
la silla
Stohl
la sopa
Supp
la pizza
Pizza
la cubertería
Bestick
el mantel
Dischdeek

el primer plato

Vörspies

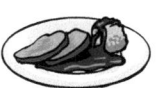

el plato principal

Haupteten

el postre

Nadisch

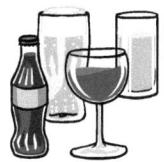

las bebidas

Drünk

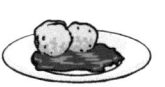

la comida

Eten

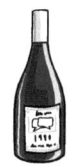

la botella

Buddel

la comida rápida

Fastfood

la comida callejera

Strateneten

la tetera

Teekann

el azucarero

Zuckerdoos

la porción

Portschoon

la cafetera expreso

Espressomaschien

la trona

Hoochstohl

la cuenta

Reken

la bandeja

Tablett

el cuchillo

Mess

el tenedor

Gavel

la cuchara

Lepel

la cucharilla

Teelepel

la servilleta

Munddook

el vaso

Glas

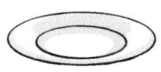

el plato

Töller

el plato hondo

Suppentöller

el platillo

Ünnertass

la salsa

Sooß

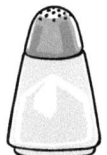

el salero

Soltstreuer

el molinillo de pimienta

Pepermöhl

el vinagre

Etig

el aceite

Ööl

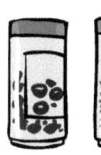

las especias

Krüder

el ketchup

Ketchup

la mostaza

Mostrich

la mayonesa

Mayonnaise

el supermercado
Supermarkt

la oferta especial
Anbott
FOR
el cliente
Kunn
los lácteos
Melkprodukten
la fruta
Aaft
el carro de compra
Inkoopswagen

BUTCHERS

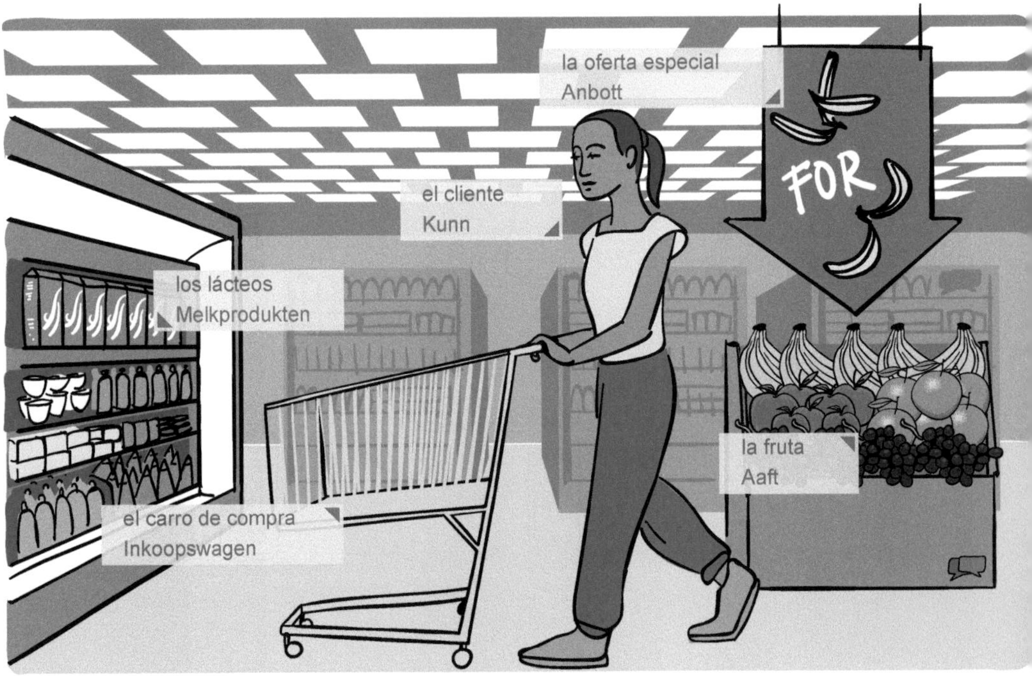

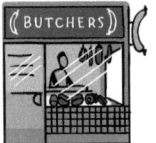

la carniceria

Slachterie

BAKERY

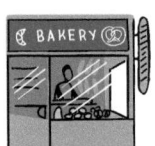

la panadería

Bäckerie

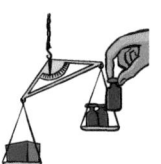

pesar

wegen

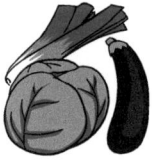

las verduras

Gröönsaken

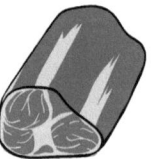

la carne

Fleesch

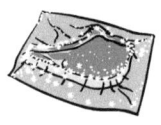

los alimentos congelados

Deepköhlkost

los fiambres
....
Opsnitt

las conservas
....
Konserven

el detergente en polvo
....
Waschmiddel

los dulces
....
Snoopkraam

productos de uso doméstico
....
Huushooltssaken

productos de limpieza
....
Reinmaaktüüch

la vendedora
....
Verköpersche

la caja de cartón
....
Kass

el cajero
....
Kasserer

la lista de la compra
....
Inkoopslist

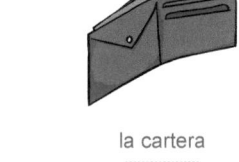

el horario de atención al
público
....
Opsparrtieden

la cartera
....
Breeftasch

la tarjeta de crédito
....
Kreditkoort

la bolsa de plástico
....
Tasch

la bolsa de plástico
....
Plastiktüüt

el agua

Water

el zumo

Saft

la leche

Melk

la cola

Cola

el vino

Wien

la cerveza

Beer

el alcohol

Spriet

el cacao

Kakao

el té

Tee

el café

Koffie

el expreso

Espresso

el capuchino

Cappucino

el plátano

Banaan

la manzana

Appel

la naranja

Appelsien

el melón

Meloon

el limón

Zitroon

la zanahoria

Wöttel

el ajo

Knuuvlook

el bambú

Bambus

la cebolla

Zibbel

el champiñón

Poggenstohl

las avellanas

Nööt

los fideos

Nudeln

las espagueti

Spaghetti

el arroz

Ries

la ensalada

Salat

las patatas fritas

Pommes frites

las patatas fritas

Braadkantüffeln

la pizza

Pizza

la hamburguesa

Hamborger

el sándwich

Sandwich

el filete

Snitzel

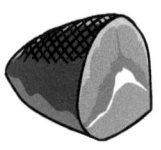

el jamón

Schinken

le salami

Salami

la salchicha

Wust

el pollo

Hohn

el asado

Braden

el pescado

Fisch

los copos de avena

Haverflocken

el muesli

Müsli

los copos de maíz

Cornflakes

la harina

Mehl

el cruasán

Croissant

el panecillo

Rundstück

el pan

Broot

la tostada

Toast

las galletas

Keksen

la mantequilla

Botter

la cuajada

Quark

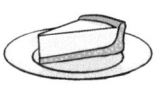

el pastel

Koken

el huevo

Ei

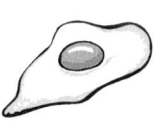

el huevo frito

Spegelei

el queso

Kees

el helado

les

el azúcar

Zucker

la miel

Honnig

la mermelada

Marmelaad

la crema de turrón

Nougat-Creme

el curry

Curry

la granja
Buernhoff

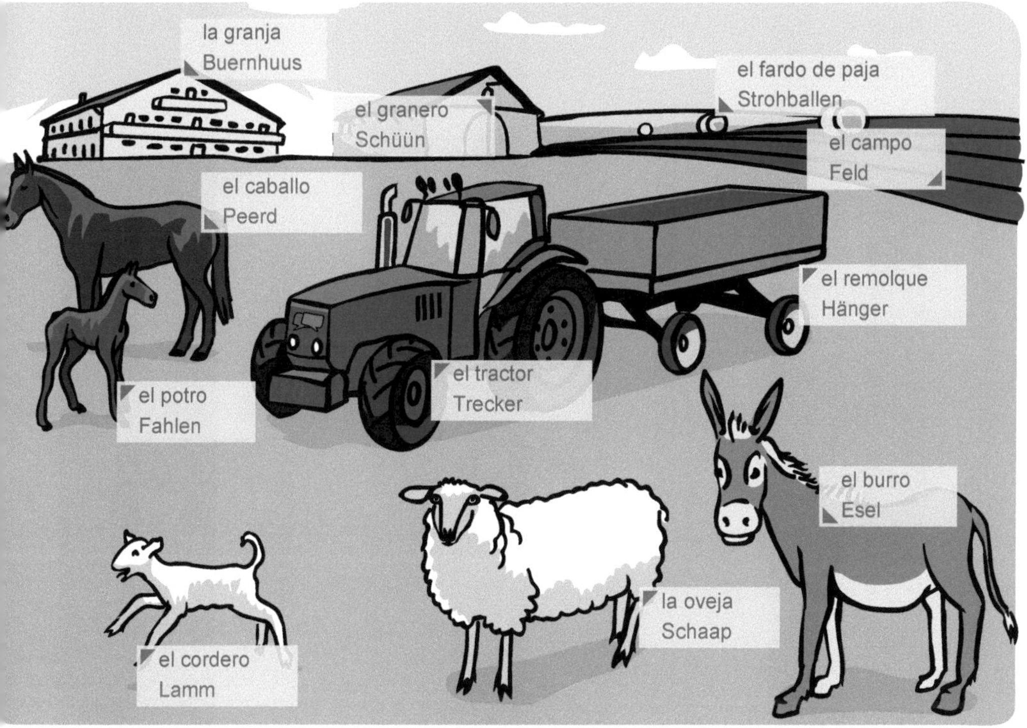

la granja
Buernhuus
el granero
Schüün
el fardo de paja
Strohballen
el campo
Feld
el caballo
Peerd
el remolque
Hänger
el tractor
Trecker
el potro
Fahlen
el burro
Esel
la oveja
Schaap
el cordero
Lamm

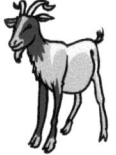

la cabra

Zeeg

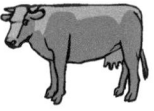

la vaca

Koh

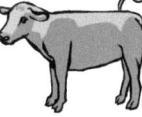

el ternero

Kalf

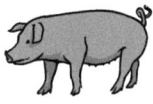

el cerdo

Swien

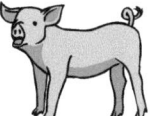

el cerdito

Farken

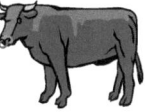

el toro

Bull

el ganso

Goos

el pato

Aant

el pollo

Küken

la gallina

Hohn

el gallo

Hahn

la rata

Rott

el gato

Katt

el ratón

Muus

el buey

Oss

el perro

Hund

la perrera

Hunnenhütt

la manguera

Goornslauch

la regadera

Geetkann

la guadaña

Lee

el arado

Ploog

la hoz

Sich

la azada

Hack

la horca

Mestfork

el hacha

Ext

la carretilla

Schuufkoor

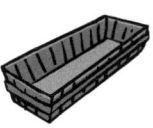

el abrevadero

Trog

la lechera

Melkkann

el saco

Sack

la valla

Tuun

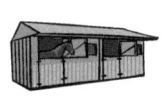

el establo

Stall

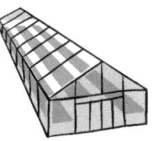

el invernadero

Drievhuus

el suelo

Bodden

la semilla

Saat

el fertilizador

Dünger

la cosechadora

Meihdöscher

cosechar

oornen

la cosecha

Oorn

el ñame

Yamswöttel

el trigo

Weten

el soja

Soja

la patata

Kantüffel

el maíz

Törksche Weten

la semilla de colza

Rapp

el árbol frutal

Aaftboom

la mandioca

Troopsch Kantüffel

las cereales

Koorn

la casa
Huus

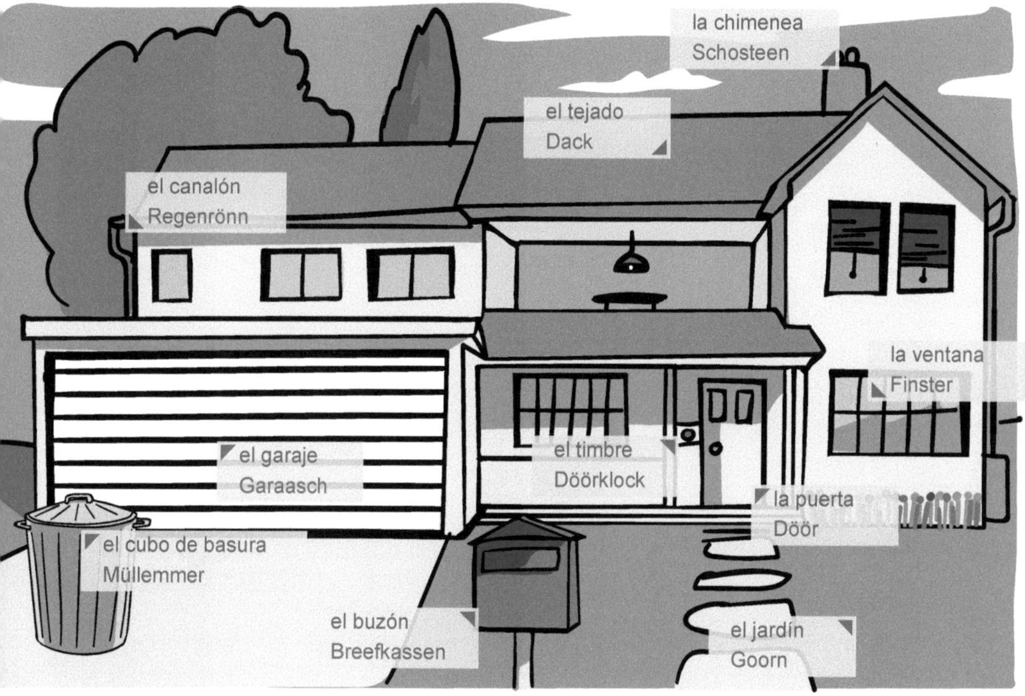
la chimenea
Schosteen
el tejado
Dack
el canalón
Regenrönn
la ventana
Finster
el garaje
Garaasch
el timbre
Döörklock
la puerta
Döör
el cubo de basura
Müllemmer
el buzón
Breefkassen
el jardín
Goorn

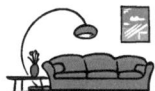

la sala
....
Wahnstuuv

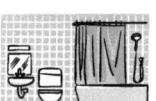

el cuarto de baño
....
Baadstuuv

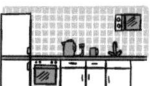

la cocina
....
Köök

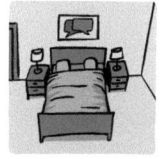

el dormitorio
....
Slaapstuuv

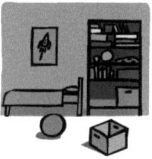

la habitación de los niños
....
Kinnerstuuv

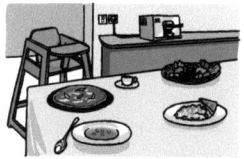

el comedor
....
Eetstuuv

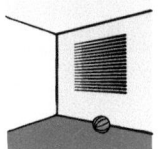

el suelo

Footbodden

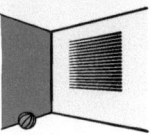

la pared

Wand

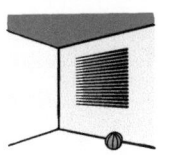

el techo

Deek

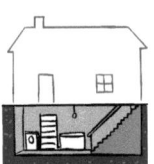

el sótano

Keller

la sauna

Hittluftbad

el balcón

Balkon

la terraza

Terrass

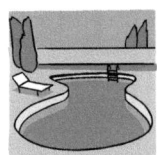

la piscina

Swümmbad

el cortacésped

Rasenmeiher

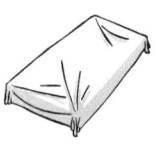

la sábana

Bettbetog

la colcha

Bettdeek

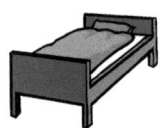

la cama

Puuch

la escoba

Bessen

el balde

Emmer

el interruptor

Schalter

la sala
Wahnstuuv

el papel pintado
Tapeet
la imagen
Bild
la lámpara
Lamp
el estante
Regal
el armario
Schapp
la televisión
Kiekkassen
la chimenea
Kamin
la flor
Bloom
el cojín
Küssen
el sofá
Sofa
el jarrón
Vaas
el mando a distancia
Feernbedenen

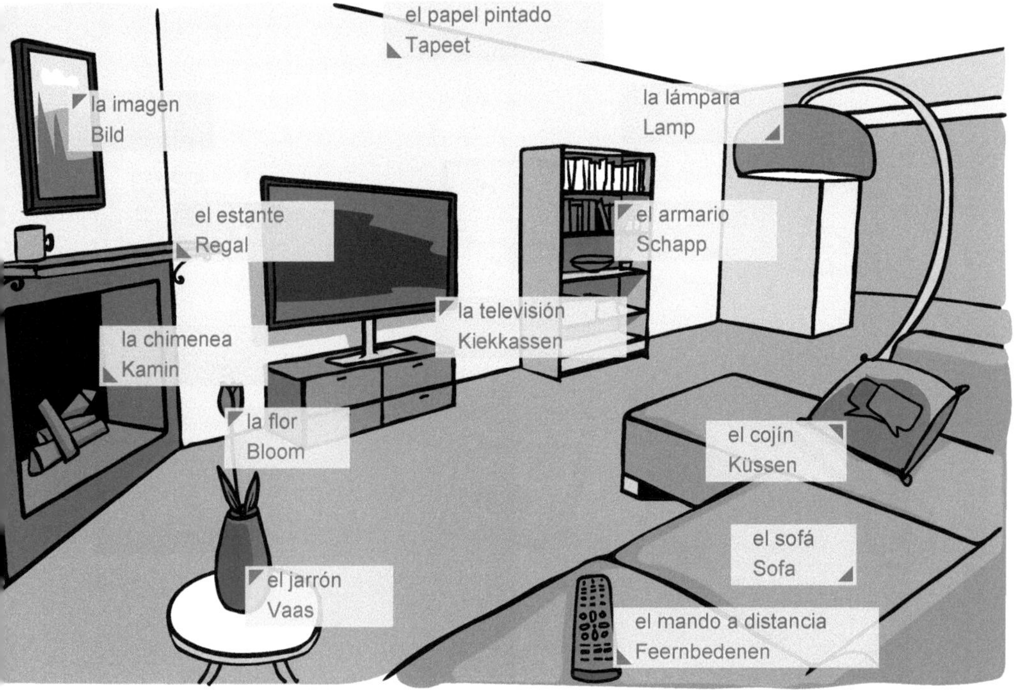

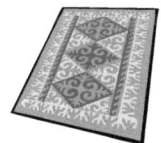

la alfombra
Teppich

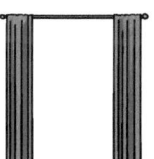

la cortina
Vörhang

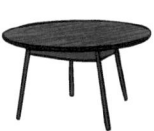

la mesa
Disch

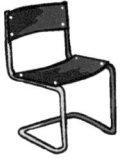

la silla
Stohl

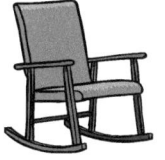

el mecedora
Schuckelstohl

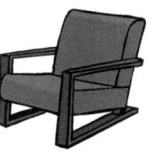

la butaca
Sessel

el libro

Book

la manta

Deek

la decoración

Dekoratschoon

la leña

Füerholt

la película

Film

el equipo de música

Stereoanlaag

la llave

Slötel

el periódico

Narichtenblatt

la pintura

Gemälde

el póster

Poster

la radio

Radio

el cuaderno

Opschrievblock

la aspiradora

Huulbessen

el cactus

Kaktus

la vela

Kars

la cocina
Köök

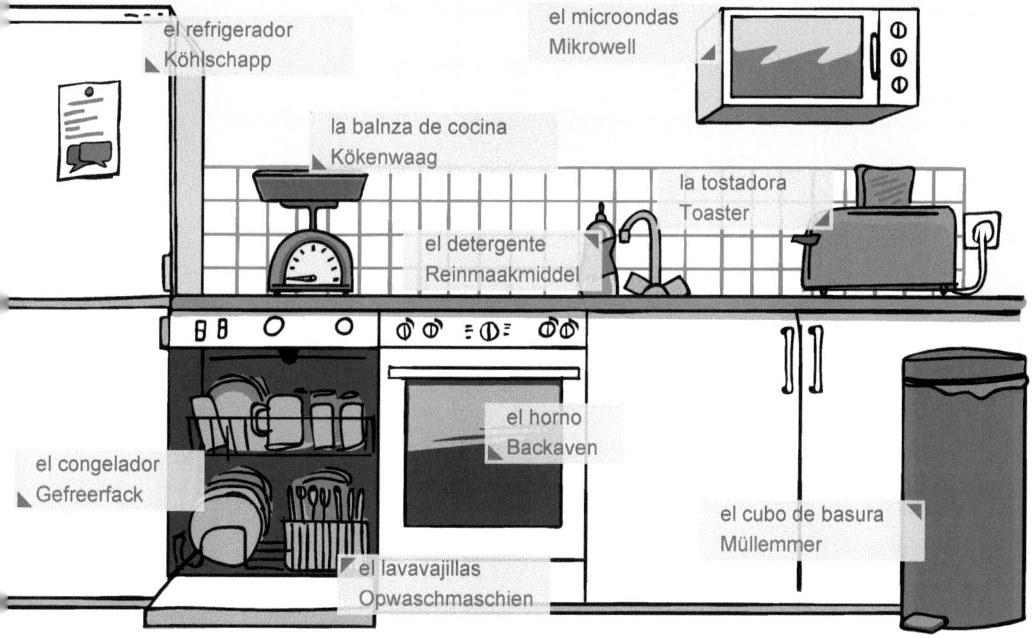
el refrigerador
Köhlschapp
el microondas
Mikrowell
la balnza de cocina
Kökenwaag
la tostadora
Toaster
el detergente
Reinmaakmiddel
el horno
Backaven
el congelador
Gefreerfack
el cubo de basura
Müllemmer
el lavavajillas
Opwaschmaschien

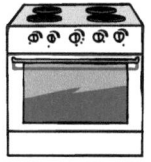

la olla a presión
Heerd

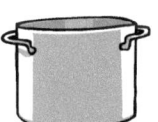

la olla
Pott

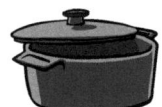

la olla de hierro fundido
Gussiesern Putt

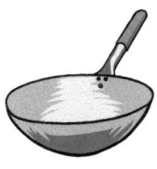

el wok
Wok / Kadai

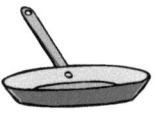

la cazuela
Pann

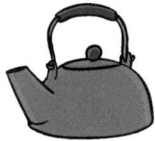

el hervidor
Waterkaker

la vaporera

Dampkaakputt

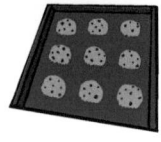

la chapa de horno

Backblick

la vajilla

Geschirr

la taza

Beker

el tazón

Schaal

los palillos

Eetsticken

el cucharón

Suppenkell

la espumadera

Pannenwenner

el batidor

Sneebessen

el colador

Kaakseef

el cedazo

Seef

el rallador

Riev

el mortero

Mörser

la barbacoa

Grill

la hoguera

Füerstell

la tabla de picar

Sniedbrett

el rodillo

Nudelholt

el sacacorchos

Proppentrecker

la lata

Doos

el abrelatas

Dosenaapner

el agarrador

Pottlappen

el lavabo

Waschbecken

el cepillo

Böst

la esponja

Swamm

la batidora

Mixer

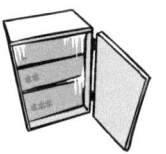

el congelador

Iesschapp

el biberón

Nuckelbuddel

el grifo

Waterhahn

el cuarto de baño
Baadstuuv

la ducha
Bruus
la calefacción
Heizung
la toalla
Handdook
la cortina de la ducha
Bruusvörhang
el baño de espuma
Schuumbad
la bañera
Baadwann
el vaso
Glas
la lavadora
Waschmaschien
el grifo
Waterhahn
las baldosas
Fliesen
el orinal
lütte Putt
el lavabo
Waschbecken

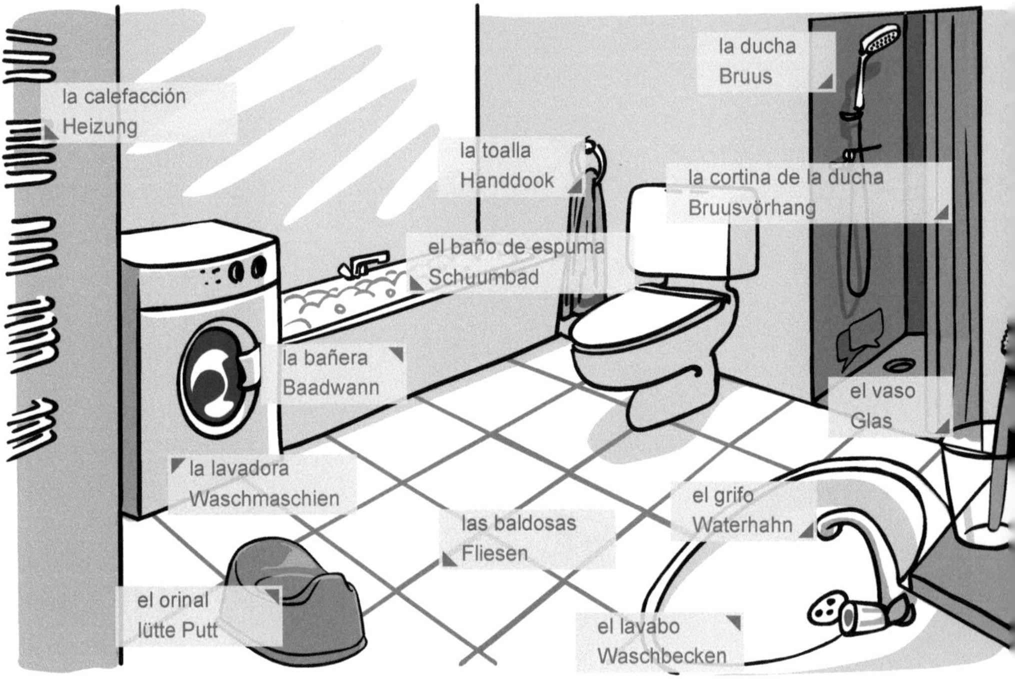

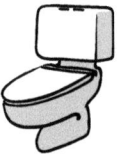

el inodoro

Tante Meier

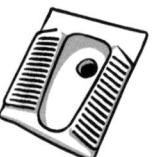

el inodoro rústico

Hockklo

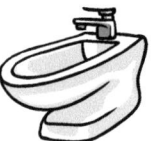

el bidé

Bidet

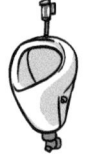

el urinario

Miegbecken

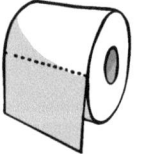

el papel higiénico

Klopapeer

la escobilla del váter

Klobböst

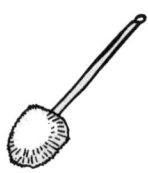

el cepillo de dientes
Tähnböst

la pasta de dientes
Tähnpast

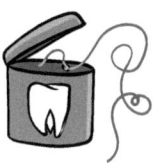

el hilo dental
Tähnsied

lavar
waschen

la ducha de mano
Handbruus

la ducha íntima
Intimbruus

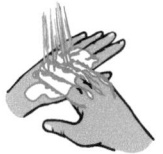

la pila
Waschschöttel

el cepillo de espalda
Rüchböst

el jabón
Seep

el gel de ducha
Bruusgeel

el champú
Hoorwaschmiddel

la toallita
Waschlappen

el desagüe
Afloop

la crema
Creme

el desodorante
Deodorant

el espejo

Spegel

el espejo de tocador

Kosmetikspegel

la maquinilla de afeitar

Raserer

la espuma de afeitar

Raseerschuum

la loción postafeitado

Raseerwater

el peine

Kamm

el cepillo

Böst

el secador

Hoordröger

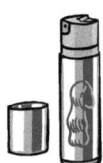

la laca

Hoorspray

el maquillaje

Smink

el pintalabios

Lippensticken

el pintauñas

Nagellack

el algodón

Watt

el cortauñas

Nagelscheer

el perfume

Rüükwater

el estuche de viaje

Kulturbüdel

la banqueta

Schemel

la balanza

Waag

el albornoz

Baadmantel

los guantes de goma

Gummihanschen

el tampón

Tampon

la compresa

Damenbinn

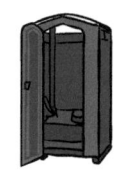

el inodoro químico

Chemieklo

la habitación de los niños
Kinnerstuuv

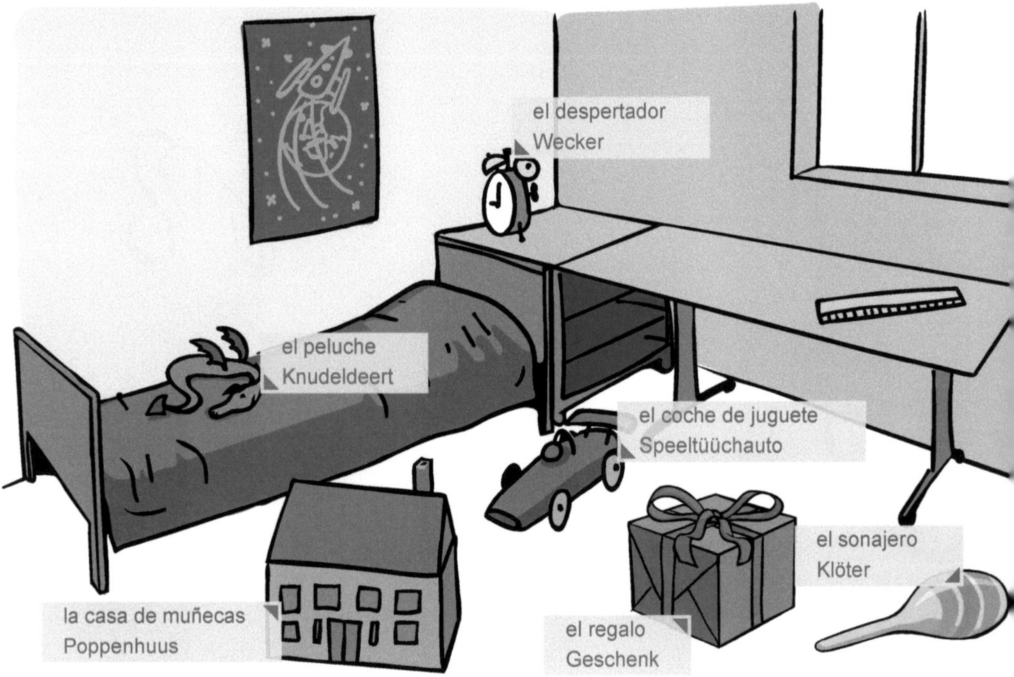
el despertador
Wecker
el peluche
Knudeldeert
el coche de juguete
Speeltüüchauto
el sonajero
Klöter
la casa de muñecas
Poppenhuus
el regalo
Geschenk

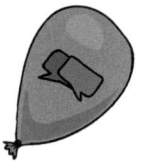

el globo
Luftballon

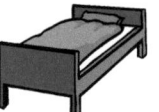

la cama
Puuch

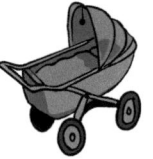

el coche de niño
Kinnerwagen

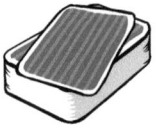

los naipes
Koortenspeel

el puzle
Puzzle

SUPER
MEGA
el tebeo
Billergeschicht

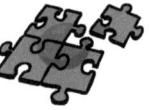

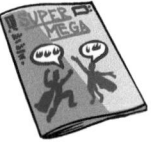

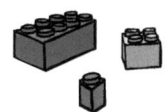

las piezas de lego

Legostenen

los bloques de juguete

Bustenen

la figura de acción

Action-Figur

el bodi (de bebé)

Strampelantog

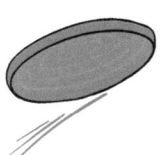

el frisbee

Frisbeeschiev

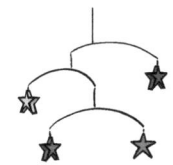

el colgador móvil para bebés

Mobile

el juego de mesa

Brettspeel

los dados

Wörpel

el circuito de tren eléctrico

Modelliesenbahn

el maniquí

Snuller

la fiesta

Party

el álbum de fotos

Billerbook

la pelota

Ball

la muñeca

Popp

jugar

spelen

el cajón de arena
Sandkassen

el columpio
Schuckel

los juguetes
Speeltüüch

la videoconsola
Speelkonsool

el triciclo
Dreerad

el oso de peluche
Teddyboor

la guardarropa
Klederschapp

la ropa
Tüüch

los calcetines
Socken

las medias
Strümp

los leotardos
Strumpbüx

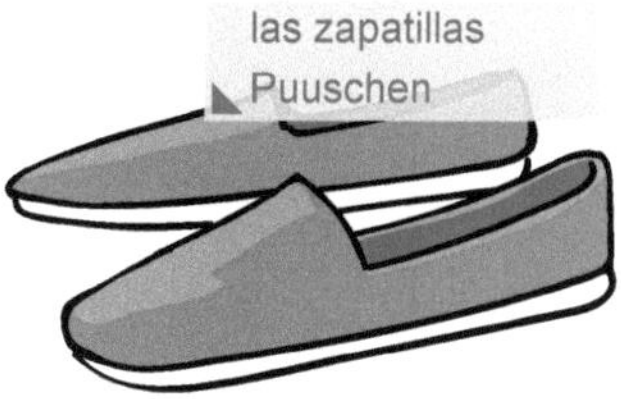

la bufanda
Halsdook

el cinturón
Liefreem

el paraguas
Paraplü

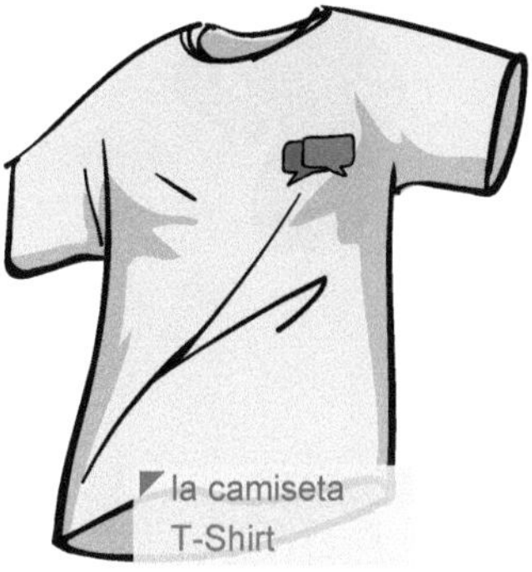

la camiseta
T-Shirt

las botas
Stevel

las zapatillas
Puuschen

las deportivas
Turnschoh

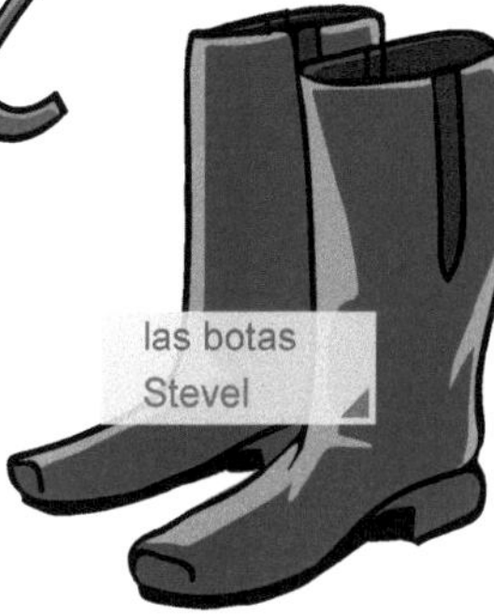

las sandalias
Sandalen

los zapatos
Schoh

las botas de goma
Gummistevel

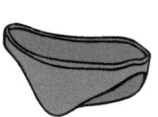
el slip
Ünnerbüx

el sostén
Bostholler

el chaleco
Ünnerhemd

el bodi

Lief

los pantalones cortos

Büx

los vaqueros

Jeansnüx

la falda

Rock

la blusa

Bluus

la camisa

Hemd

el jersey

Pullover

el suéter

Kapuzenpullover

el blazer

Blazer

la chaqueta

Jack

el abrigo

Mantel

la gabardina

Övertrecker

el traje

Kostüm

el vestido

Kleed

el vestido de novia

Hochtietskleed

el traje

Antog

el camisón

Nachtkleed

el pijama

Slaapantog

el sati

Sari

el bandana

Koppdook

el turbante

Turban

la burka

Burka

el caftán

Kaftan

la abaya

Abaya

el traje de baño

Baadantog

el bañador

Baadbüx

los pantalones cortos

Korte Büx

el chándal

Antog to'n Öven

el delantal

Schört

los guantes

Handschoh

el botón

Knopp

las gafas

Brill

el brazalete

Armband

el collar

Halskeed

el anillo

Ring

el pendiente

Ohrbummel

la gorra

Mütz

la percha

Klederbögel

el sombrero

Hoot

la corbata

Binner

la cremallera

Rietslüter

el casco

Helm

los tirantes

Drachtband

el uniforme

Schooluniform

el uniforme

Uniform

el babero

Severböten

el maniquí

Snuller

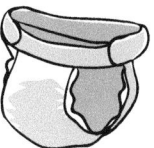

el pañal

Winnel

la oficina

Büro

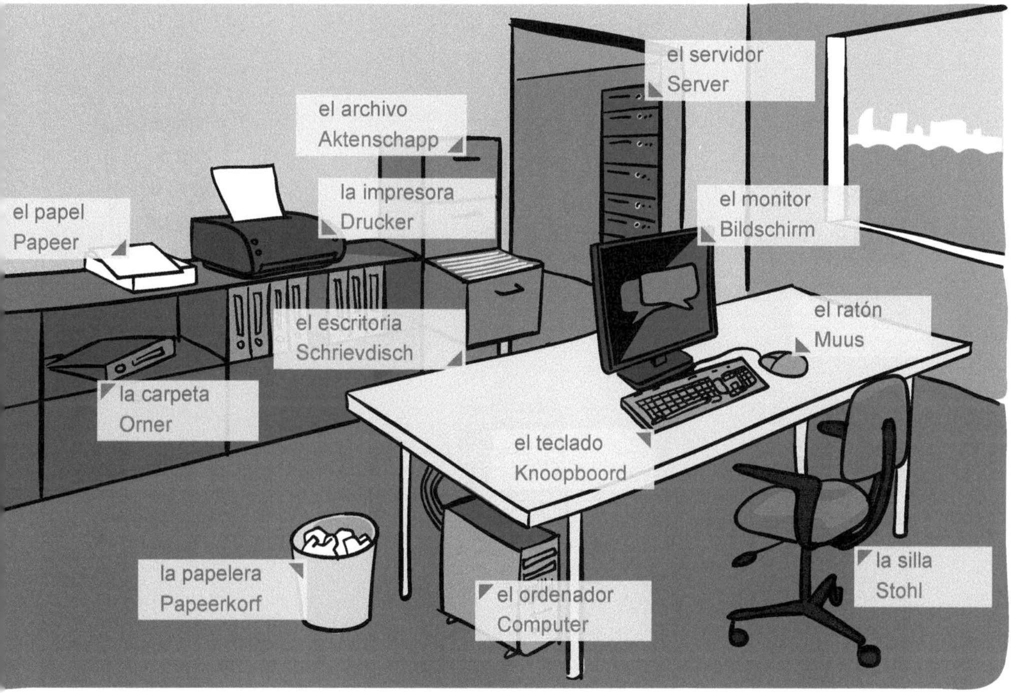

el servidor
Server

el archivo
Aktenschapp

la impresora
Drucker

el papel
Papeer

el monitor
Bildschirm

el escritoria
Schrievdisch

el ratón
Muus

la carpeta
Orner

el teclado
Knoopboord

la papelera
Papeerkorf

el ordenador
Computer

la silla
Stohl

la taza de café

Koffiebeker

la calculadora

Taschenreekner

el internet

Internet

el portátil

Klappreekner

la carta

Breef

el mensaje

Naricht

el móvil

Ackersnacker

la red

Nettwark

la fotocopiadora

Kopeerapparat

el software

Software

el teléfono

Klöönkassen

la toma de corriente

Steekdoos

el fax

Faxapparat

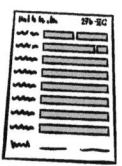

el formulario

Formulor

el documento

Dokument

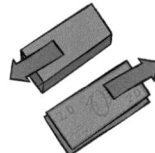

comprar

köpen

pagar

betahlen

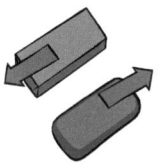

comerciar

hanneln

el dinero

Geld

el dólar

Dollar

el euro

Euro

el yen

Yen

el rublo

Ruvel

el franco suizo

Swiezer Franken

el renminbi yuan

Renminbi Yuan

la rupia

Rupie

el cajero automático

Geldautomat

la oficina de cambio de divisas

Wesselstuuv

el oro

Gold

la plata

Sülver

el petróleo

Ööl

la energía

Energie

el precio

Pries

el contrato

Verdrag

el impuesto

Stüer

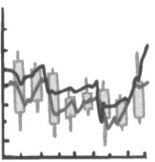

la acción

Andeelschien

trabajar

arbeiden

el empleador

Anstellte

el empleador

Arbeitgever

la fábrica

Fabrik

la tienda de campaña

Hökerie

los oficios
Profeschonen

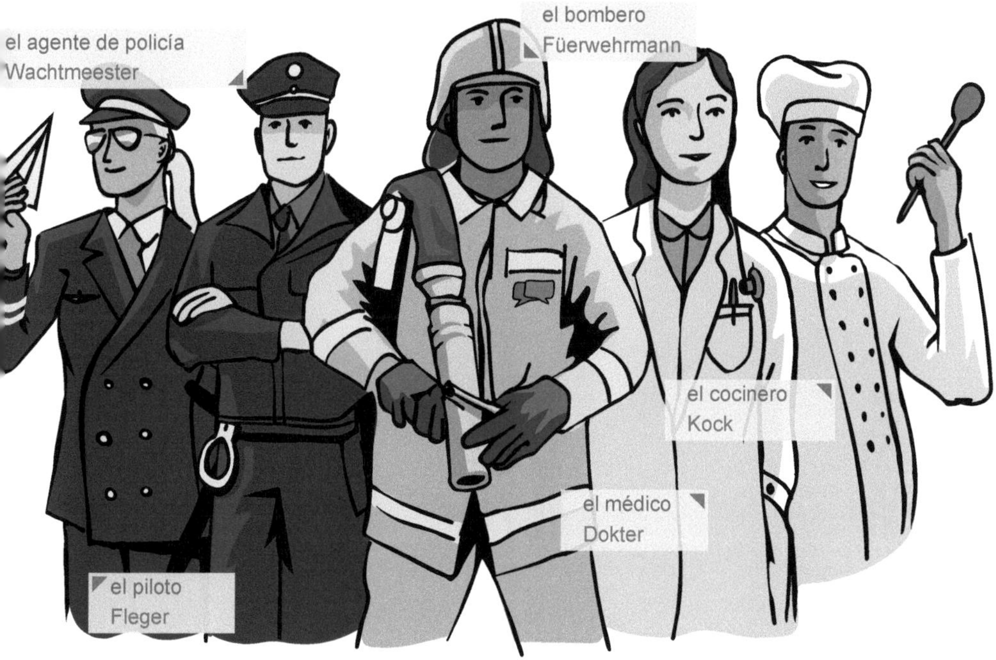
el agente de policía
Wachtmeester
el bombero
Füerwehrmann
el cocinero
Kock
el médico
Dokter
el piloto
Fleger

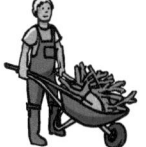

el jardinero

Goorner

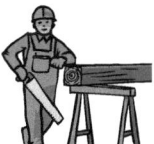

el carpintero

Discher

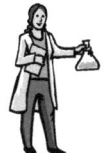

la costurera

Neihersche

el juez

Richter

el farmacéutico

Chemiker

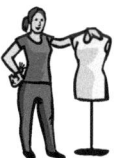

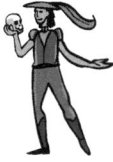

el actor

Schauspeler

el conductor de autobús

Busfohrer

el taxista

Taxifohrer

el pescador

Fischer

la señora de la limpieza

Reinmaakfru

el techador

Dackdecker

el camarero

Kellner

el cazador

Jäger

el pintor

Maler

el panadero

Bäcker

el electricista

Elektriker

el obrero

Buarbeider

el ingeniero

Ingenieur

el carnicero

Slachter

el fontanero

Klempner

el cartero

Postbüdel

el soldado

Suldat

el arquitecto

Architekt

el cajero

Kasserer

el florista

Florist

el peluquero

Putzbüdel

el revisor

Schaffner

el mecánico

Mechaniker

el capitán

Kaptein

el dentista

Tähndokter

el científico

Wetenschopler

el rabino

Rabbi

el imán

Imam

el monje

Mönk

el sacerdote

Paap

las herramientas
Warktüüch

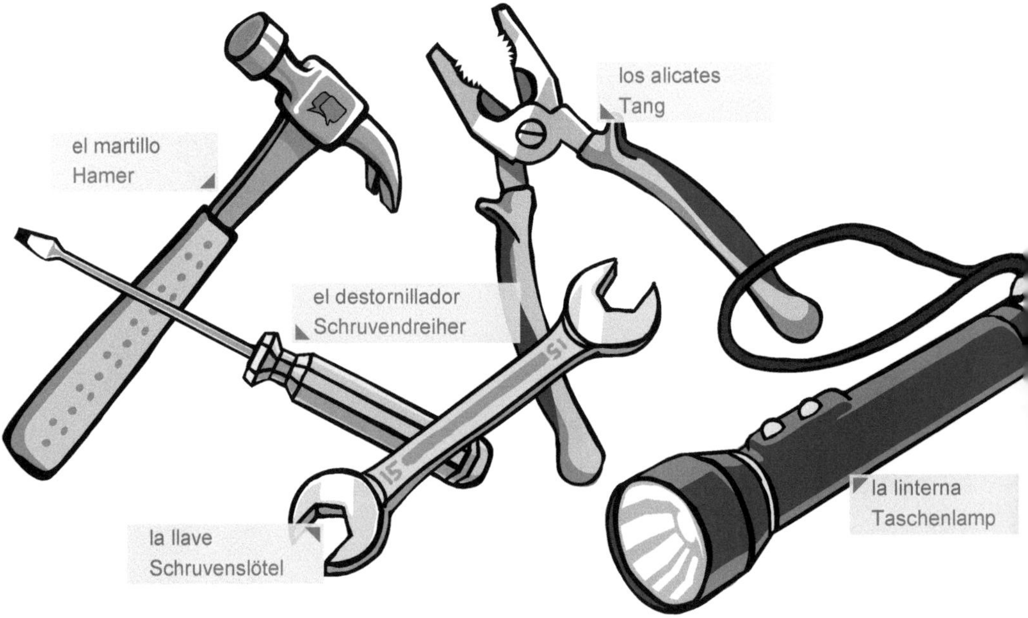

los alicates
Tang
el martillo
Hamer
el destornillador
Schruvendreiher
la linterna
Taschenlamp
la llave
Schruvenslötel

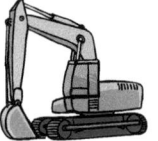

la excavadora

Grieper

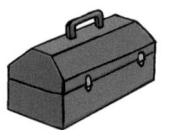

la caja de herramientas

Warktüüchkassen

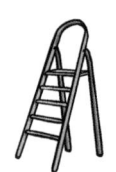

la escalera de mano

Ledder

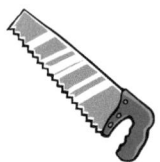

la sierra

Saag

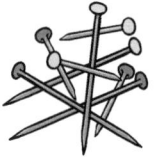

los clavos

Nagels

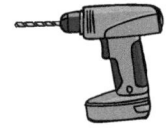

el taladro

Bohrer

reparar

heelmaken

la pala

Schüffel

¡Maldita sea!

Schiet!

el recogedor

Kehrblick

el bote de pintura

Farvpott

los tornillos

Schruven

los instrumentos musicales
Musikinstrumenten

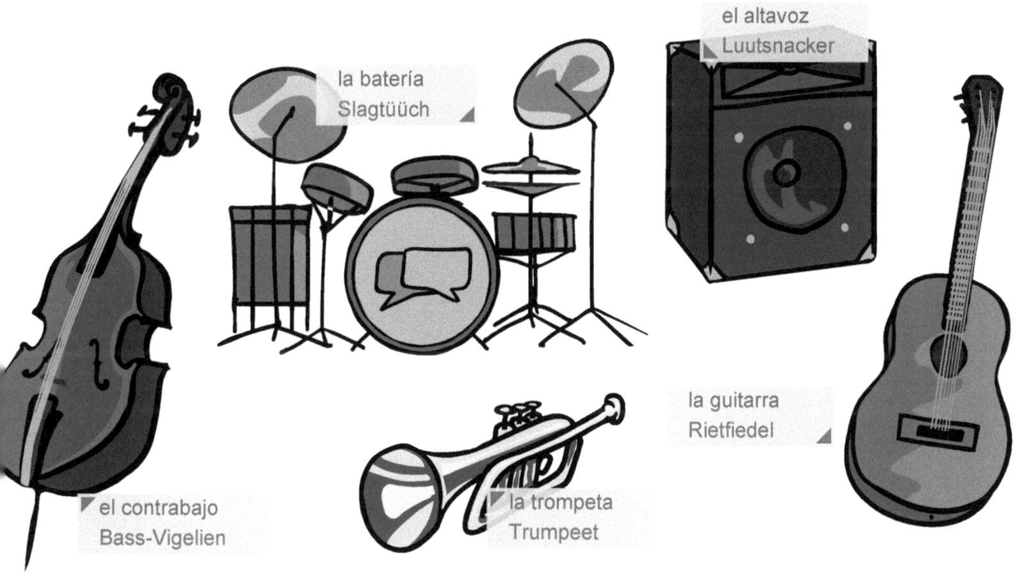

la batería
Slagtüüch

el altavoz
Luutsnacker

la guitarra
Rietfiedel

el contrabajo
Bass-Vigelien

la trompeta
Trumpeet

el piano

Klaveer

el violín

Vigelien

bajo

Bass

los timbales

Pauk

el tambor

Trummeln

el teclado

Keyboard

el saxofón

Saxophon

la flauta

Fleut

el micrófono

Mikrofoon

el zoo
Deertenpark

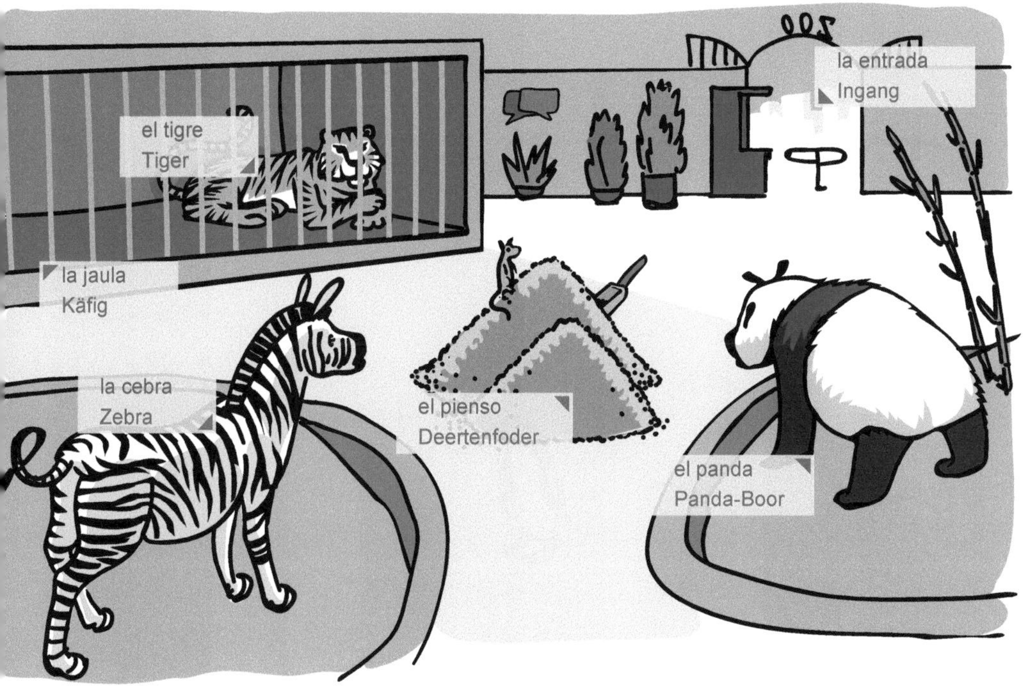

la entrada
Ingang
el tigre
Tiger
la jaula
Käfig
la cebra
Zebra
el pienso
Deertenfoder
el panda
Panda-Boor

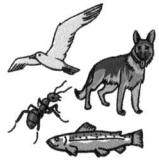

los animales

Deerten

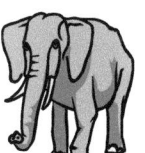

el elefante

Elefant

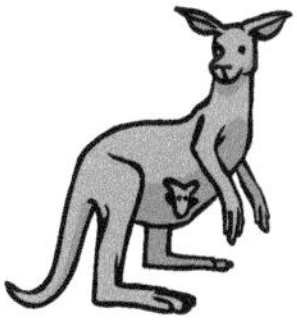

el canguro

Känguru

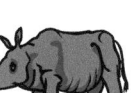

el rinoceronte

Neeshoorn

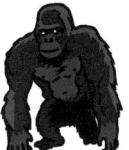

el gorila

Gorilla

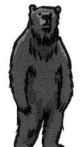

el oso

Boor

el camello

Kameel

el avestruz

Struuß

el león

Lööv

el mono

Aap

el flamingo

Flamingo

el loro

Papagoi

el oso polar

Iesboor

el pingüino

Pinguin

el tiburón

Haifisch

el pavo real

Pageluun

la serpiente

Slang

el cocodrilo

Krokodil

el guardián de zoológico

Oppasser in'n Deertenpark

la foca

Saalhund

el jaguar

Jaguor

el poni

Pony

el leopardo

Leopard

el hipopótamo

Nilpeerd

la jirafa

Giraff

el águila

Aadler

el jabalí

Wildswien

el pescado

Fisch

la tortuga

Schildkrööt

la morsa

Walross

el zorro

Voss

la gacela

Gazell

el fútbol americano
Amerikaansch Football

el ciclismo
Radfohren

el tenis
Tennis

el baloncesto
Korfball

la natación
Swümmen

el boxeo
Boxen

el hockey sobre hielo
Ieshockey

el fútbol

Football

el bádminton

Fedderball

el atletismo

Leichtathletik

el balonmano

Handball

el esquí

Skilopen

el polo

Polo

las actividades
Aktivitäten

saltar
springen
abrazar
ümarmen
reír
lachen
caminar
gahn
cantar
singen
soñar
drömen
rezar
beden
besar
snuteln

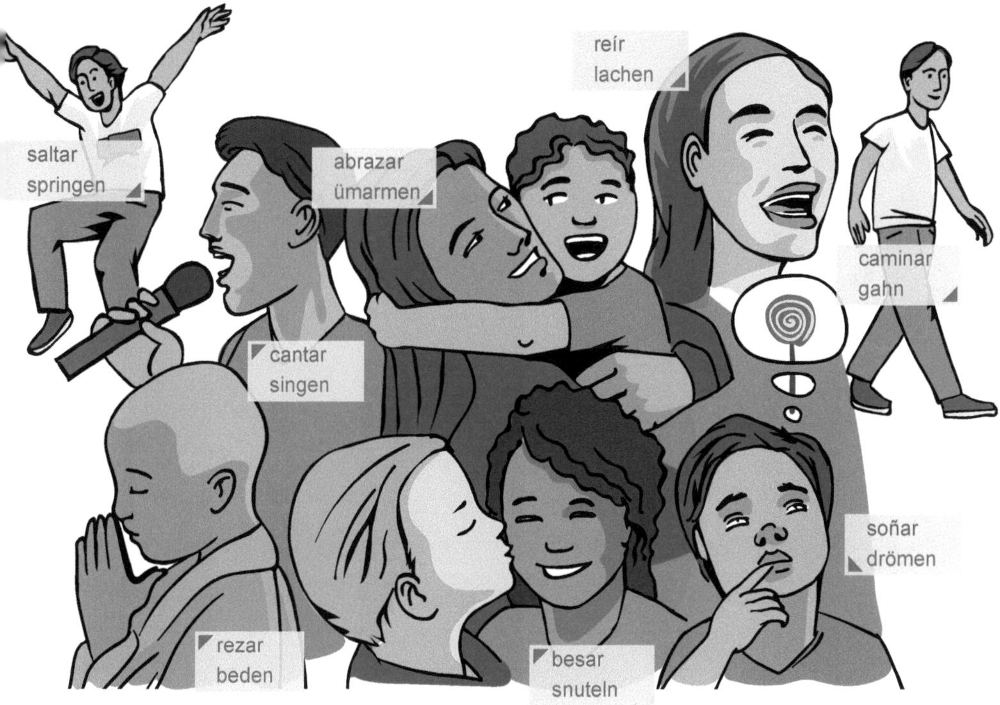

escribir
schrieven

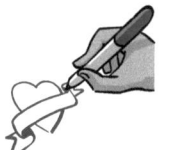

dibujar
teken

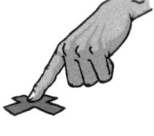

mostrar
wiesen

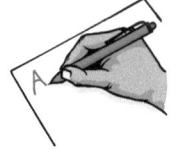

empujar
drücken

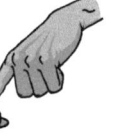

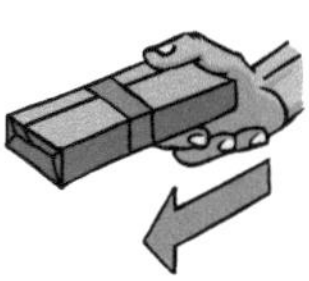

dar
geven

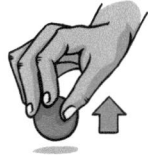

tomar
nehmen

tener
hebben

hacer
doon

ser
sien

estar de pie
stahn

correr
lopen

tirar
trecken

tirar
smieten

caer
fallen

yacer
liggen

esperar
töven

llevar
dregen

estar sentado
sitten

vestirse
antrecken

dormir
slapen

despertar
opwaken

mirar
ankieken

llorar
wenen

acariciar
eien

peinar
kämmen

hablar
snacken

entender
verstahn

preguntar
fragen

escuchar
hören

beber
drinken

comer
eten

ordenar
oprümen

amar
leefhebben

cocinar
kaken

conducir
fohren

volar
flegen

navegar

segeln

calcular

reken

leer

lesen

aprender

lehren

trabajar

arbeiden

casarse

de Plünnen tohoopsmieten

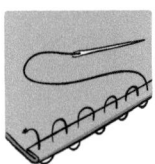

coser

neihen

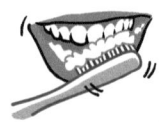

cepillarse los dientes

Tähnen putzen

matar

dootmaken

fumar

smöken

enviar

schicken

la familia
Familje

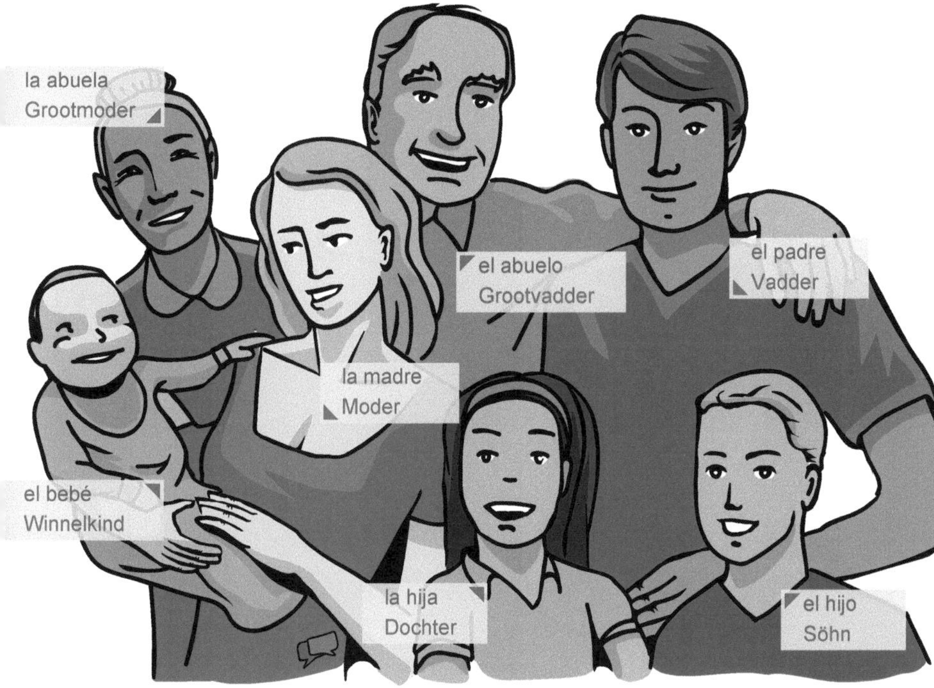
la abuela
Grootmoder
el abuelo
Grootvadder
el padre
Vadder
la madre
Moder
el bebé
Winnelkind
la hija
Dochter
el hijo
Söhn

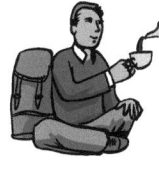

el invitado

Gast

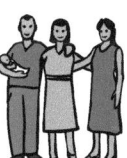

la tía

Tant

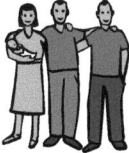

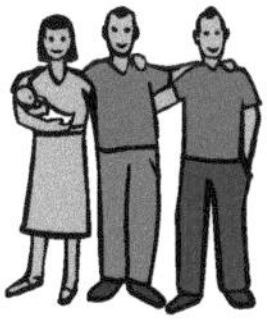

el tío

Unkel

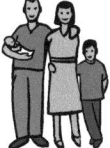

el hermano

Broder

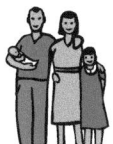

la hermana

Süster

la frente
Vörkopp

el ojo
Oog

el hombro
Schuller

el dedo
Finger

la cara
Gesicht

la barbilla
Kinn

la mano
Hand

el pecho
Bost

la pierna
Been

el brazo
Arm

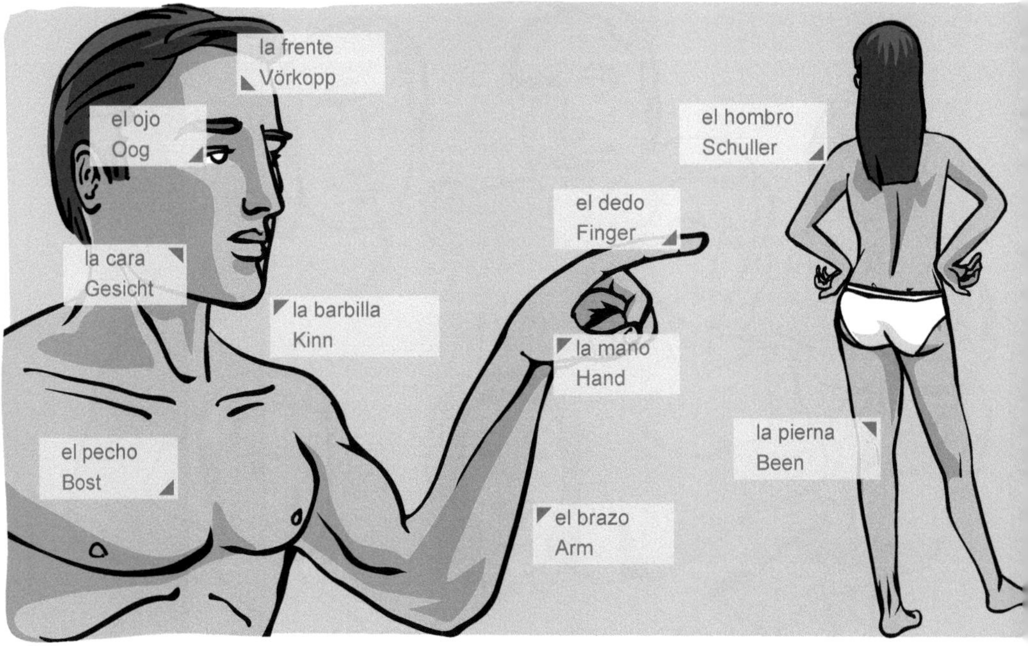

el bebé

Winnelkind

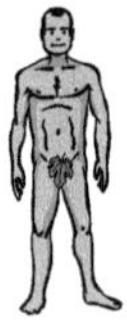

el hombre

Mann

la mujer

Fro

la chica

Deern

el chico

Jung

la cabeza

Arm

68   el cuerpo - Lief

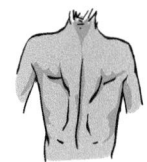

la espalda
Rüch

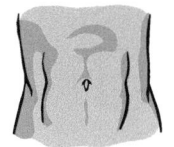

el vientre
Buuk

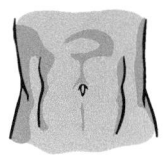

el ombligo
Navel

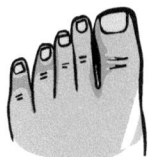

el dedo del pie
Teh

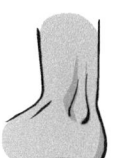

el talón
Hack

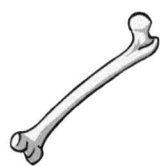

el hueso
Knaken

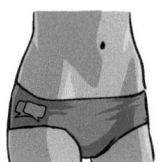

la cadera
Hüft

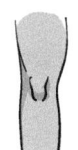

la rodilla
Knee

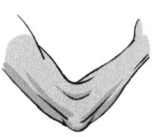

el codo
Ellbagen

la nariz
Nees

el trasero
Achtersen

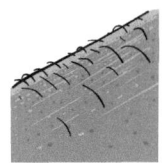

la piel
Huut

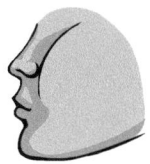

la mejilla
Back

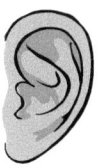

el oído
Ohr

el labio
Lipp

la boca

Mund

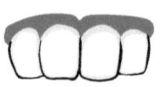

el diente

Tähn

la lengua

Tung

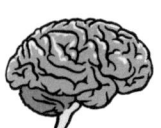

el cerebro

Bregen

el corazón

Hart

el músculo

Muskel

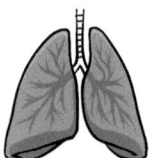

el pulmón

Lung

el hígado

Lever

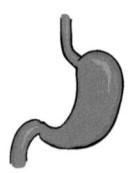

el estómago

Maag

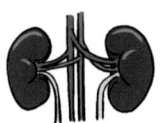

los riñones

Neren

el sexo

Bislaap

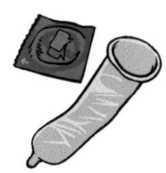

el condón

Kondoom

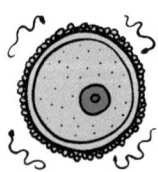

el ovario

Eizell

el semen

Sperma

el embarazo

Anner Ümstänn

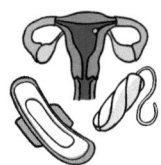

la menstruación
....
Menstruatschoon

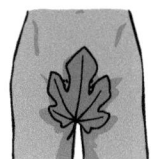

la vagina
....
Scheed

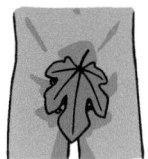

el pene
....
Pint

la ceja
....
Ogenbroe

el pelo
....
Hoor

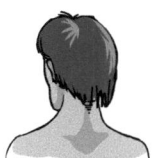

el cuello
....
Hals

el hospital
Krankenhuus

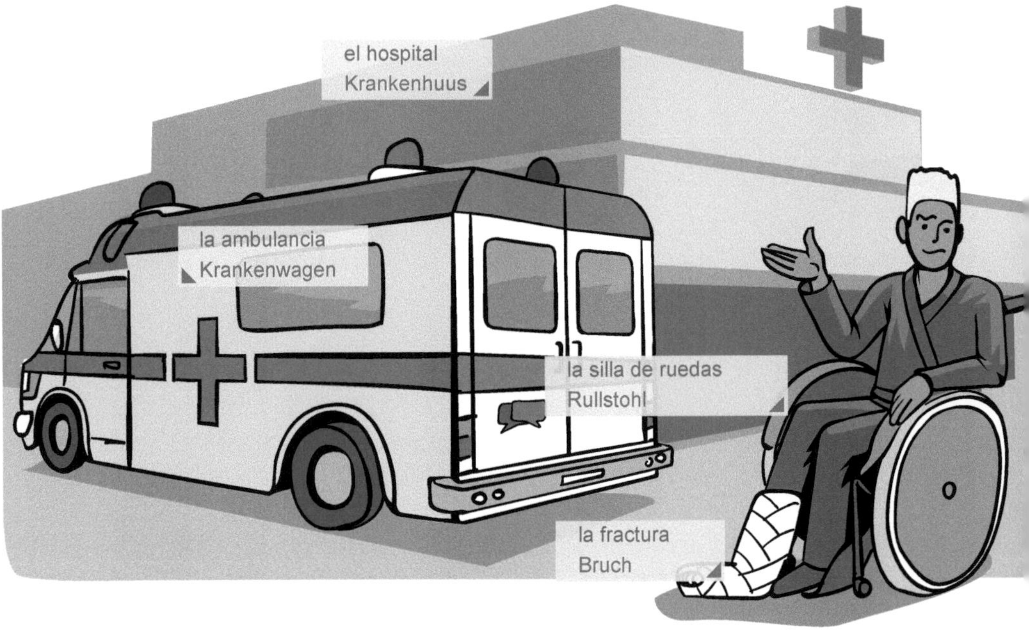

el hospital
Krankenhuus
la ambulancia
Krankenwagen
la silla de ruedas
Rullstohl
la fractura
Bruch

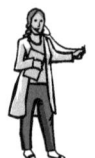

el médico
....
Dokter

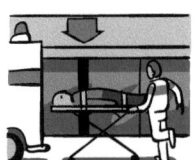

la sala de urgencias
....
Nootopnahm

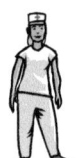

la enfermera
....
Krankensüster

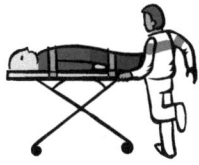

la urgencia
....
Nootfall

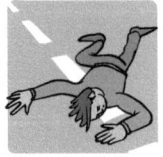

inconsciente
....
ahnmächtig

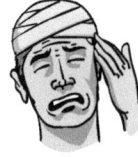

el dolor
....
Wehdaag

la lesión
Verwunnen

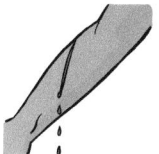

la hemorragia
Blöden

el infarto
Hartinfarkt

el ictus
Slaganfall

la alergia
Allergie

la tos
Hoosten

la fiebre
Fever

la gripe
Gripp

la diarrea
Dörchfall

el dolor de cabeza
Koppwehdaag

el cáncer
Kreeft

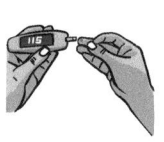

la diabetes
Zuckersüük

el cirujano
Chirurg

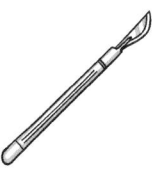

el bisturí
Chirurgsch Mess

la operación
Operatschoon

TAC
CT

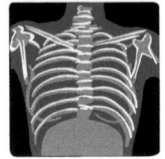

los rayos x
Dörchlüchten

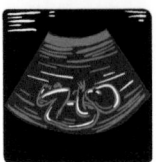

el ultrasonido
Ultraschall

la mascarilla
Mask

la enfermedad
Krankheit

la sala de espera
Töövruum

la muleta
Krück

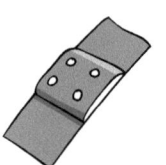

la tirita
Plaaster

la venda
Verband

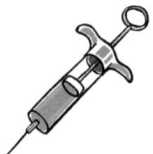

la inyección
Insprütten

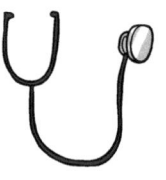

el estetoscopio
Stethoskop

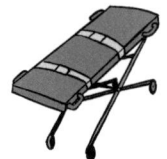

la camilla
Draag

el termómetro
Feverthermometer

el nacimiento
Geboort

el sobrepeso
Övergewicht

el audífono

Höörapparat

el desinfectante

Kiemfriemiddel

la infección

Ansteken

el virus

Virus

VIH / SIDA

HIV / AIDS

la medicina

Heelmiddel

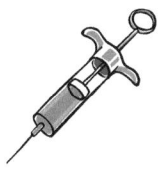

la vacunación

Impen

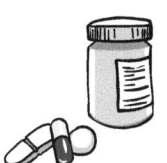

las tabletas

Tabletten

la pastilla

Pill

la llamada de urgencia

Nootroop

el tensiómetro

Blootdruck-Meter

enfermo / sano

krank / gesund

¡Socorro!

Hölp!

la alarma

Alarm

el asalto

Överfall

el ataque

Angreep

el peligro

Gefohr

la salida de emergencia

Nootutgang

¡Fuego!

Füer!

el extintor de incendios

Füerlöscher

el accidente

Unfall

el botiquín de primeros
auxilios

Noothölpkoffer

SOS

SOS

la policía

Polizei

Europa
Europa

Norteamérica
Noordamerika

Sudamérica
Süüdamerika

África
Afrika

Asia
Asien

Australia
Australien

el atlántico
Atlantik

el Pacífico
Pazifik

el Océano Índico
Indisch Weltmeer

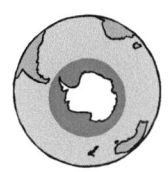

el Océano Antártico
Antarktisch Weltmeer

el Océano Ártico
Arktisch Weltmeer

el polo norte
Noordpol

el polo sur

Süüdpol

La Antártida

Antarktis

la tierra

Eerd

la tierra

Land

el mar

See

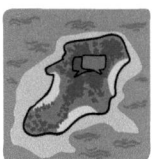

la isla

Eiland

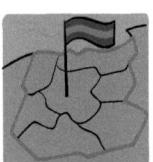

la nación

Natschoon

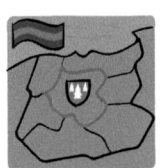

el estado

Staat

la esfera

Tallenblatt

la manecilla de las horas

Stunnenwieser

el minutero

Minutenwieser

el segundero

Sekunnenwieser

¿Qué hora es?

Wo laat is dat?

el día

Dag

el tiempo

Tiet

ahora

nu

el reloj digital

digetaalsch Klock

el minuto

Minuut

la hora

Stunn

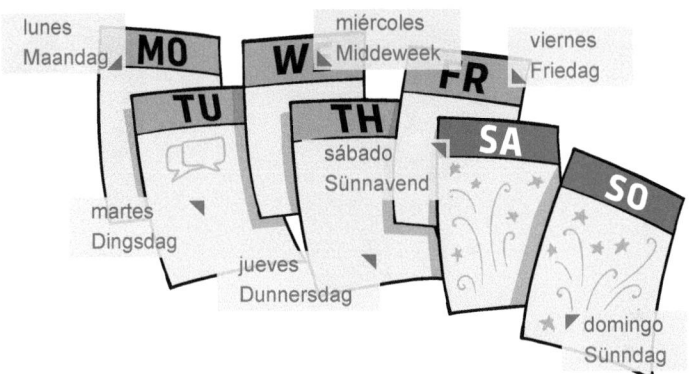

lunes
Maandag

miércoles
Middeweek

viernes
Friedag

martes
Dingsdag

sábado
Sünnavend

jueves
Dunnersdag

domingo
Sünndag

ayer

güstern

hoy

hüüt

mañana

morgen

la mañana

Morgen

el mediodía

Meddag

la tarde

Avend

MO	TU	WE	TH	FR	SA	SU
1	2	3	4	5	6	7
8	9	10	11	12	13	14
15	16	17	18	19	20	21
22	23	24	25	26	27	28
29	30	31	1	2	3	4

los días laborables

Arbeitsdaag

MO	TU	WE	TH	FR	SA	SU
1	2	3	4	5	6	7
8	9	10	11	12	13	14
15	16	17	18	19	20	21
22	23	24	25	26	27	28
29	30	31	1	2	3	4

el fin de semana

Wekenenn

el año
Johr

la lluvia
Regen
el arcoíris
Regenbagen
la nieve
Snee
el viento
Wind
la primavera
Fröhjohr
el otoño
Harvst
el verano
Sommer
el invierno
Winter

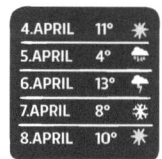

4.APRIL 11°
5.APRIL 4°
6.APRIL 13°
7.APRIL 8°
8.APRIL 10°

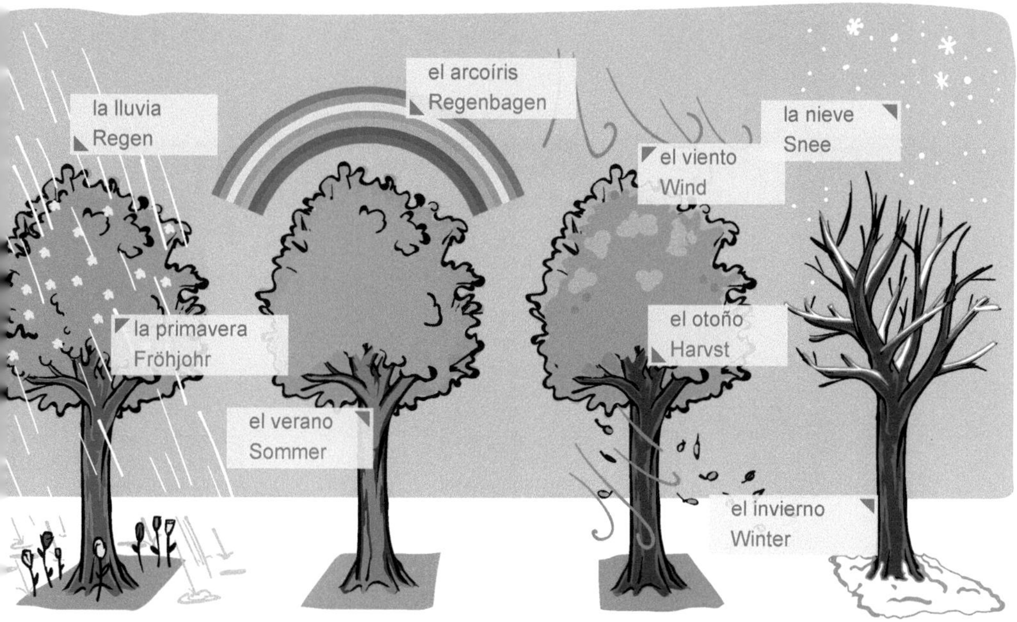

el pronóstico del tiempo

Wedervörhersaag

F C
120 40
90 30
60 20
30 10
0 0
-30 -10
-20

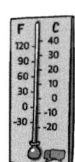

el termómetro

Thermometer

el sol

Sünnenschien

la nube

Wulk

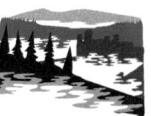

la niebla

Nevel

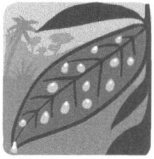

la humedad

Luftfuchtigkeit

el rayo

Blitz

el trueno

Dunner

la tormenta

Storm

el granizo

Hagel

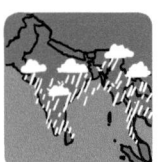

el monzón

Monsun

la inundación

Floot

el hielo

Ies

enero

Januormaand

febrero

Februormaand

marzo

Martmaand

abril

Aprilmaand

mayo

Maimaand

junio

Junimaand

julio

Julimaand

agosto

Augustmaand

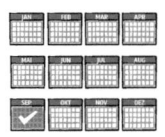

septiembre

Septembermaand

octubre

Oktobermaand

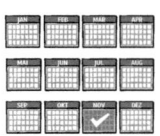

noviembre

Novembermaand

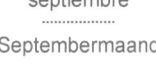

diciembre

Dezembermaand

las formas
Formen

el círculo

Krink

el cuadrado

Quadrat

el rectángulo

Rechteck

el triángulo

Dreeeck

la esfera

Kugel

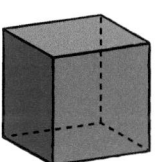

el cubo

Wörpel

blanco
....
witt

amarillo
....
geel

anaranjado
....
orangsch

rosa
....
pink

rojo
....
root

morado
....
lila

azul
....
blau

verde
....
gröön

marrón
....
bruun

gris
....
gries

negro
....
swart

mucho / poco

veel / wenig

enojado / tranquilo

böös / verdreeglich

bonito / feo

smuck / mies

principio / fin

Begünn / Enn

grande / pequeño

groot / lütt

claro / oscuro

hell / düüster

el hermano / la hermana

Broder / Süster

limpio / sucio

schier / schietig

completo / incompleto

kumpleet / nich kumpleet

el día / la noche

Dag / Nacht

muerto / vivo

doot / lebennig

ancho / estrecho

breet / small

comestible / no comestible
....
geneetbor / nich geneetbor

malo / amable
....
böös / fründlich

entusiasmado / aburrido
....
fickerig / langwielt

gordo / delgado
....
dick / dünn

primero / último
....
toeerst / toletzt

el amigo / el enemigo
....
Fründ / Fiend

lleno / vacío
....
vull / leddig

duro / blando
....
hart / week

pesado / ligero
....
swoor / licht

el hambre / la sed
....
Smacht / Döst

enfermo / sano
....
krank / gesund

ilegal / legal
....
nich na't Recht / na't Recht

inteligente / tonto
....
klook / dummerhaftig

izquierda / derecha
....
linkerhand / rechterhand

cerca / lejos
....
neeg / feern

nuevo / usado

nieg / bruukt

nada / algo

nix / wat

viejo / joven

oolt / jung

encendido / apagado

an / ut

abierto / cerrado

apen / slaten

silencioso / ruidoso

lies / luut

rico / pobre

riek / arm

correcto / incorrecto

richtig / verkehrt

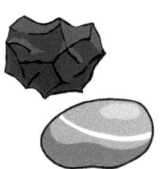

áspero / suave

ruug / glatt

triste / contento

trurig / glücklich

corto / largo

kort / lang

lento / rápido

suutje / flink

húmedo / seco

natt / dröög

cálido / frío

warm / köhl

guerra / paz

Krieg / Freden

0

cero
....
null

1

uno
....
een

2

dos
....
twee

3

tres
....
dree

4

cuatro
....
veer

5

cinco
....
fief

6

seis
....
söss

7

siete
....
söven

8

ocho
....
acht

9

nueve
....
negen

10

diez
....
teihn

11

once
....
ölven

12

doce

twölf

13

trece

dörteihn

14

catorce

veerteihn

15

quince

föffteihn

16

dieciséis

sössteihn

17

diecisiete

söventeihn

18

dieciocho

achtteihn

19

diecinueve

negenteihn

20

veinte

twintig

100

cien

hunnert

1.000

mil

dusend

1.000.000

el millón

million

los idiomas

el inglés

Engelsch

el inglés americano

Amerikaansch Engelsch

el chino madarín

Chineesch Mandarin

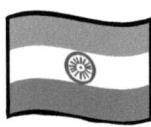

el hindi

Hindi

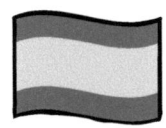

el español

Spaansch

el francés

Franzöösch

el árabe

Araabsch

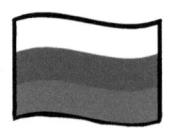

el ruso

Rusch

el portugués

Portugiesch

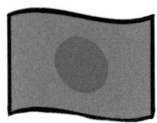

el bengalí

Bengaalsch

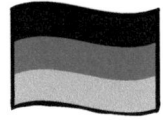

el alemán

Düütsch

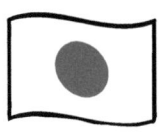

el japonés

Japaansch

yo

ik

tú

du

él / ella / ello

he / se / dat

nosotros/as

wi

vosotros/as

ji

ellos/as

se

¿quién?

keen?

¿qué?

wat?

¿cómo?

woans?

¿dónde?

woneem?

¿cuándo?

wannehr?

el nombre

Naam

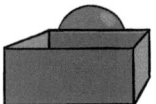

detrás

achter

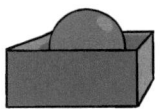

en

in

delante de

vör

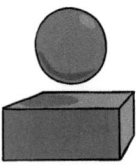

por encima de

över

sobre

op

debajo de

ünner

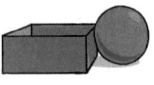

junto a

blangen

entre

twüschen

el lugar

Oort